Impressum
Verlag: BABADADA GmbH, Nedderfeld 112 , 22529 Hamburg
Geschäftsführer / Verlagsleitung: Harald Hof
Druck: Books on Demand GmbH, In de Tarpen 42, 22848 Norderstedt

Imprint
Publisher: BABADADA GmbH, Nedderfeld 112 , 22529 Hamburg, Germany
Managing Director / Publishing direction: Harald Hof
Print: Books on Demand GmbH, In de Tarpen 42, 22848 Norderstedt, Germany

школа

სკოლა

классная комната
საკლასო ოთახი
делить
გაყოფა
186/2
доска
დაფა
школьный двор
სკოლის ეზო
учитель
მასწავლებელი
бумага
ქაღალდი
писать
წერა
ручка
კალამი
письменный стол
მაგიდა
линейка
სახაზავი
книга
წიგნი
ученик
მოსწავლე

ранец

ზურგჩანთა

пенал

პენალი

карандаш

ფანქარი

точилка

ფანქრების სათლელი

ластик

საშლელი

альбом для рисования

ნახატების ალბომი

рисунок

ნახატი

кисточка

ფუნჯი

коробка красок

საღებავის ყუთი

ножницы

მაკრატელი

клей

წებო

тетрадь

სავარჯიშო რვეული

домашняя работа

საშინაო დავალება

цифра

ნომერი

прибавлять

დამატება

вычитать

გამოკლება

умножать

გამრავლება

считать

გამოთვლა

буква

წერილი

алфавит

ანბანი

слово

სიტყვა

текст

ტექსტი

читать

წაკითხვა

мел

ცარცი

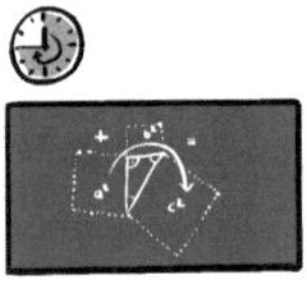

урок

გაკვეთილი

классный журнал

რეგისტრაცია

экзамен

გამოცდა

диплом

სერტიფიკატი

школьная форма

სკოლის ფორმა

образование

განათლება

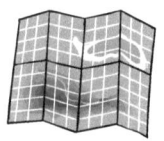

энциклопедия

ენციკლოპედია

университет

უნივერსიტეტი

микроскоп

მიკროსკოპი

карта

რუქა

корзина для бумаг

კალათა ნარჩენი ქაღალდებისათვის

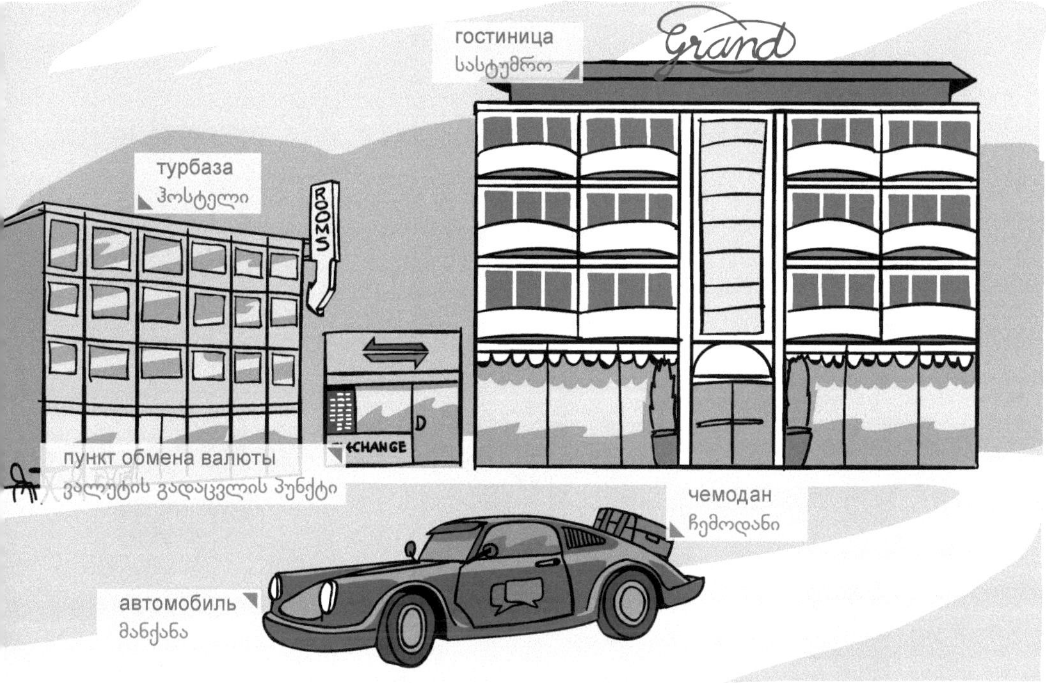

гостиница
სასტუმრო
Grand
турбаза
ჰოსტელი
ROOMS
пункт обмена валюты
ვალუტის გადაცვლის პუნქტი
чемодан
ჩემოდანი
автомобиль
მანქანა

язык

ენა

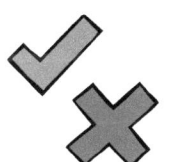

да / нет

კი / არა

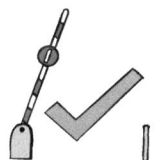

хорошо

კარგი

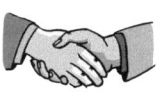

Привет

გამარჯობა

переводчик

მთარგმნელი

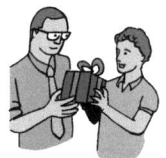

Спасибо

გმადლობთ

Сколько стоит…?

რა ღირს… ?

Я не понимаю

ვერ გავიგე

проблема

პრობლემა

Добрый вечер!

აღამო მშვიდობისა!

Доброе утро!

დილა მშვიდობისა!

Доброй ночи!

ღამე მშვიდობისა!

До свидания

ნახვამდის

направление

მიმართულება

багаж

ბარგი

сумка

ჩანთა

рюкзак

ზურგჩანთა

гость

სტუმარი

комната

ოთახი

спальный мешок

საძილე ტომარა

палатка

კარავი

туристическая
информация

ტურისტული ინფორმაცია

пляж

სანაპირო

кредитная карточка

საკრედიტო ბარათი

завтрак

საუზმე

обед

ლანჩი

ужин

ვახშამი

билет

ბილეთი

лифт

ლიფტი

почтовая марка

საფოსტო მარკა

граница

საზღვარი

таможня

საბაჟო

посольство

საელჩო

виза

ვიზა

паспорт

პასპორტი

путешествие - მოგზაურობა

транспорт
ტრანსპორტი

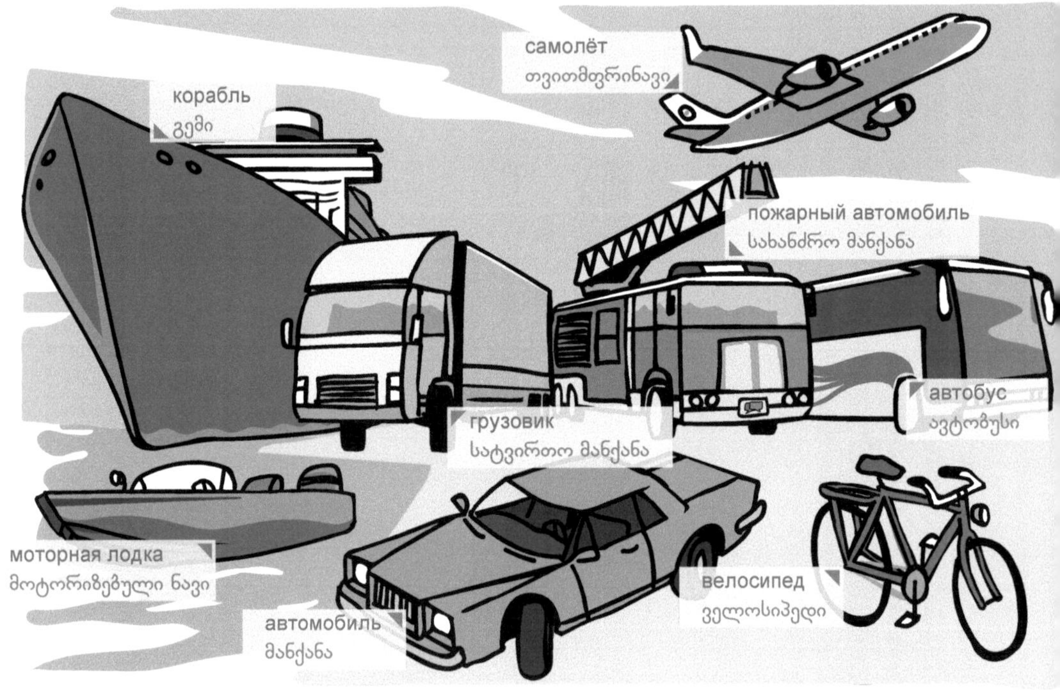

самолёт
თვითმფრინავი
корабль
გემი
пожарный автомобиль
სახანძრო მანქანა
автобус
ავტობუსი
грузовик
სატვირთო მანქანა
моторная лодка
მოტორიზებული ნავი
велосипед
ველოსიპედი
автомобиль
მანქანა

паром

ბორანი

лодка

ნავი

мотоцикл

მოტოციკლი

полицейский автомобиль

პოლიციის მანქანა

гоночный автомобиль

სარბოლო მანქანა

арендованный автомобиль

დაქირავებული მანქანა

совместное пользование автомобилями

მანქანის ერთობლივი მოხმარება

буксировочный автомобиль

საბუქსირე მანქანა

мусоровоз

ნაგვის მანქანა

двигатель

ძრავა

топливо

საწვავი

заправка

ბენზინგასამართი სადგური

дорожный знак

საგზაო ნიშანი

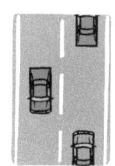

движение

მოძრაობა

пробка

საცობი

автостоянка

მანქანის სადგომი

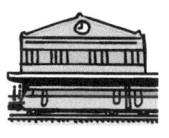

вокзал

მატარებლის სადგური

рельсы

ლიანდაგები

поезд

მატარებელი

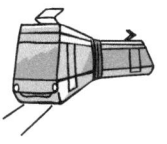

трамвай

ტრამვაი

вагон

ვაგონი

вертолёт

ვერტმფრენი

аэропорт

აეროპორტი

вышка

კოშკი

пассажир

მგზავრი

контейнер

კონტეინერი

коробка

მუყაოს ყუთი

тележка

ურიკა

корзина

კალათა

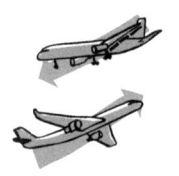

взлетать / приземляться

აფრენა / დაშვება

город

ქალაქი

деревня

სოფელი

центр города

ქალაქის ცენტრი

дом

სახლი

10

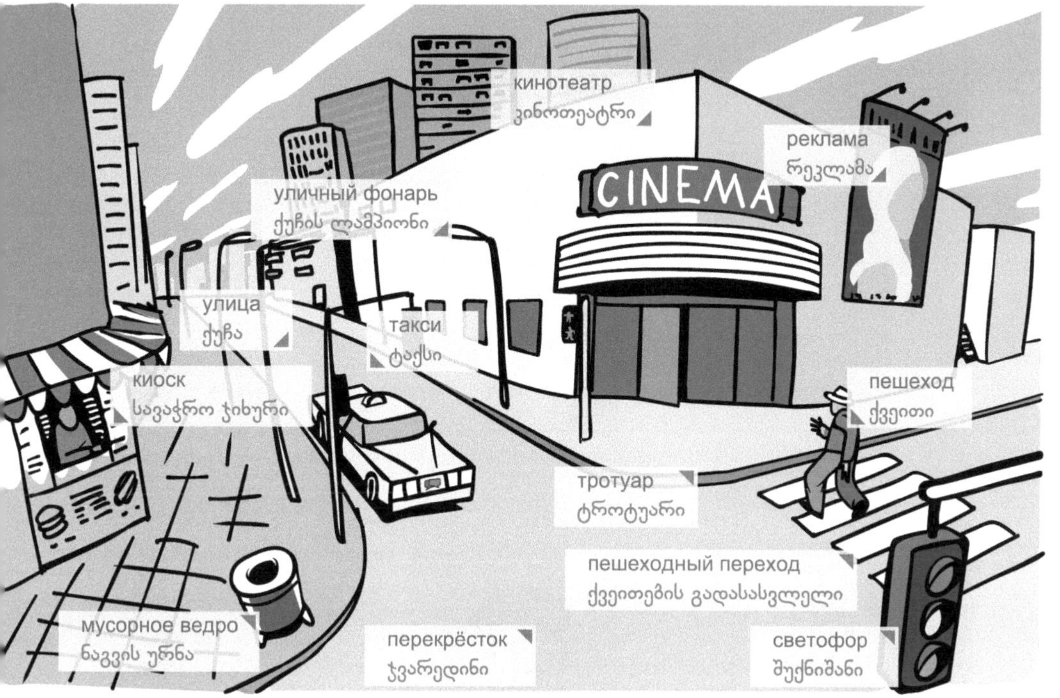

кинотеатр
კინოთეატრი

реклама
რეკლამა

уличный фонарь
ქუჩის ლამპიონი

улица
ქუჩა

такси
ტაქსი

CINEMA

киоск
სავაჭრო ჯიხური

пешеход
ქვეითი

тротуар
ტროტუარი

пешеходный переход
ქვეითების გადასასვლელი

мусорное ведро
ნაგვის ურნა

перекрёсток
ჯვარედინი

светофор
შუქნიშანი

хижина

ქოხი

квартира

ბინა

вокзал

მატარებლის სადგური

ратуша

მუნიციპალიტეტი

музей

მუზეუმი

школа

სკოლა

город - ქალაქი

университет

უნივერსიტეტი

банк

ბანკი

больница

საავადმყოფო

гостиница

სასტუმრო

аптека

აფთიაქი

офис

ოფისი

книжный магазин

წიგნების მაღაზია

магазин

მაღაზია

цветочный магазин

ფლორისტი

супермаркет

სუპერმარკეტი

рынок

ბაზარი

универмаг

მაღაზიის განყოფილება

торговец рыбой

თევზის გამყიდველი

торговый центр

სავაჭრო ცენტრი

порт

ნავსადგომი

парк

პარკი

скамейка

გრძელი სკამი

мост

ხიდი

лестница

კიბეები

метро

მიწისქვეშა გადასასვლელი

тоннель

გვირაბი

автобусная остановка

ავტობუსის გაჩერება

бар

ბარი

ресторан

რესტორანი

почтовый ящик

საფოსტო ყუთი

табличка с названием улицы

ქუჩის ნიშანი

паркометр

პარკინგის საზომი

зоопарк

ზოოპარკი

бассейн

საცურაო აუზი

мечеть

მეჩეთი

ферма

ფერმა

загрязнение окружающей среды

გარემოს დაბინძურება

кладбище

სასაფლაო

церковь

ეკლესია

детская площадка

საბავშვო მოედანი

храм

ტაძარი

ландшафт

ლანდშაფტი

лист
ფოთოლ
ი
дорожный указатель
გზის მანიშნებელი ნიშანი
дорога
გზა
луг
მდელო
камень
ქვა
дерево
ხე
путешественник
მოგზაური
река
მდინარე
трава
ბალახი
цветок
ყვავილი

долина

ხეობა

гора

გორაკი

озеро

ტბა

лес

ტყე

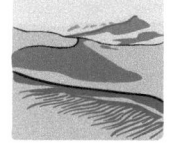

пустыня

უდაბნო

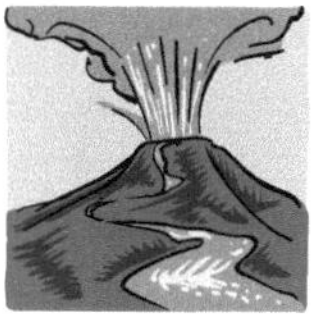

вулкан

ვულკანი

замок

ციხე

радуга

ცისარტყელა

гриб

სოკო

пальма

პალმა

комар

კოღო

муха

ბუზი

муравей

ჭიანჭველა

пчела

ფუტკარი

паук

ობობა

жук

ხოჭო

лягушка

ბაყაყი

белка

ციყვი

еж

ზღარბი

заяц

კურდღელი

сова

ბუ

птица

ფრინველი

лебедь

გედი

кабан

ტახი

олень

ირემი

лось

ცხენ-ირემი

плотина

კაშხალი

ветряной генератор

ქარის ტურბინა

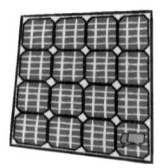

солнечная батарея

მზის ბატარეა

климат

კლიმატი

ресторан
რესტორანი

официант
მიმტანი
меню
მენიუ
стул
სკამი
суп
სუპი
пицца
პიცა
скатерть
მაგიდაზე გადასაფარებელი
столовые приборы
დანა-ჩანგალი

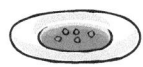

закуска
საუზმე

главное блюдо
მთავარი კერძი

десерт
დესერტი

напитки
დასალევი

еда
საჭმელი

бутылка
ბოთლი

фастфуд

სწრაფი კვება

уличная еда

ქუჩის საჭმელი

чайник

ჩაიდანი

сахарница

საშაქრე

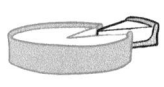

порция

პორცია

кофеварка

ესპრესოს მანქანა

детский стульчик

მაღალი სკამი

счет

ანგარიში

поднос

ლანგარი

нож

დანა

вилка

ჩანგალი

ложка

კოვზი

чайная ложка

ჩაის კოვზი

салфетка

ხელსახოცი

стакан

ჭიქა

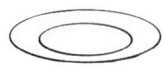

тарелка

თეფში

суповая тарелка

სუპის თეფში

блюдце

ჩაის ლამბაქი

соус

საწებელი

солонка

სამარილე

мельница для перца

წიწაკის საფქვავი

уксус

ძმარი

масло

ზეთი

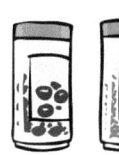

специи

სანელებლები

кетчуп

კეტჩუპი

горчица

მდოგვი

майонез

მაიონეზი

супермаркет
სუპერმარკეტი

специальное предложение
სპეციალური შეთავაზება
FOR
покупатель
მომხმარებელი
молочные продукты
რძის ნაწარმი
фрукты
ხილი
тележка для покупок
ურიკა

мясной магазин

საყასბო

пекарня

საცხობი

взвешивать

აწონვა

овощи

ბოსტნეული

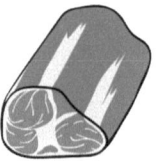

мясо

ხორცი

быстрозамороженные продукты

გაყინული საკვები

нарезка

გრილი ხორცი

консервы

კონსერვები

стиральный порошок

სარეცხი ფხვნილი

сладости

ტკბილეული

предмет домашнего обихода

საყოფაცხოვრებო პროდუქტები

моющее средство

სარეცხი საშუალებები

продавщица

გამყიდველი

касса

სალარო

кассир

მოლარე

список покупок

საყიდლების სია

время работы

მუშაობის საათები

бумажник

პორტმანი

кредитная карточка

საკრედიტო ბარათი

сумка

ჩანთა

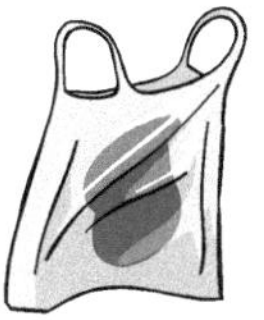

полиэтиленовый пакет

პლასტიკური პარკი

напитки
დასალევი

вода

წყალი

сок

წვენი

молоко

რძე

кока-кола

კოკა-კოლა

вино

ღვინო

пиво

ლუდი

алкоголь

ალკოჰოლი

какао

კაკაო

чай

ჩაი

кофе

ყავა

эспрессо

ესპრესო

капучино

კაპუჩინო

22   напитки - დასალევი

банан

ბანანი

яблоко

ვაშლი

апельсин

ფორთოხალი

арбуз

საზამთრო

лимон

ლიმონი

морковь

სტაფილო

чеснок

ნიორი

бамбук

ბამბუკი

лук

ხახვი

гриб

სოკო

орехи

კაკალი

лапша

ატრია

спагетти

სპაგეტი

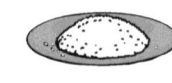

рис

ბრინჯი

салат

სალათი

картофель фри

ჩიპსები

жареный картофель

შემწვარი კარტოფილი

пицца

პიცა

гамбургер

ჰამბურგერი

сэндвич

სენდვიჩი

шницель

კოტლეტი

ветчина

ლორი

салями

სალიამი

колбаса

ძეხვი

курица

წიწილა

жаркое

შემწვარი ხორცი

рыба

თევზი

овсяные хлопья

შვრიის ფაფა

мюсли

მუსლი

кукурузные хлопья

სიმინდის ფანტელები

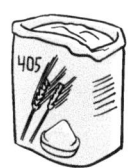

мука

ფქვილი

круассан

კრუასანი

булочка

ბულკი

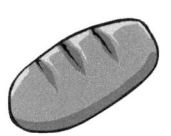

хлеб

პური

тост

ტოსტი

печенье

ნამცხვრები

масло

კარაქი

творог

ხაჭო

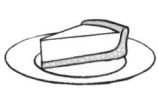

пирог

ტორტი

яйцо

კვერცხი

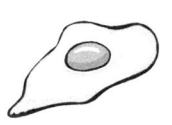

яичница

ერბო-კვერცხი

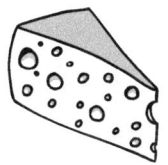

сыр

ყველი

мороженое

ნაყინი

сахар

შაქარი

мёд

თაფლი

мармелад

ჯემი

крем с нугой

შოკოლადის კრემი

карри

კარი

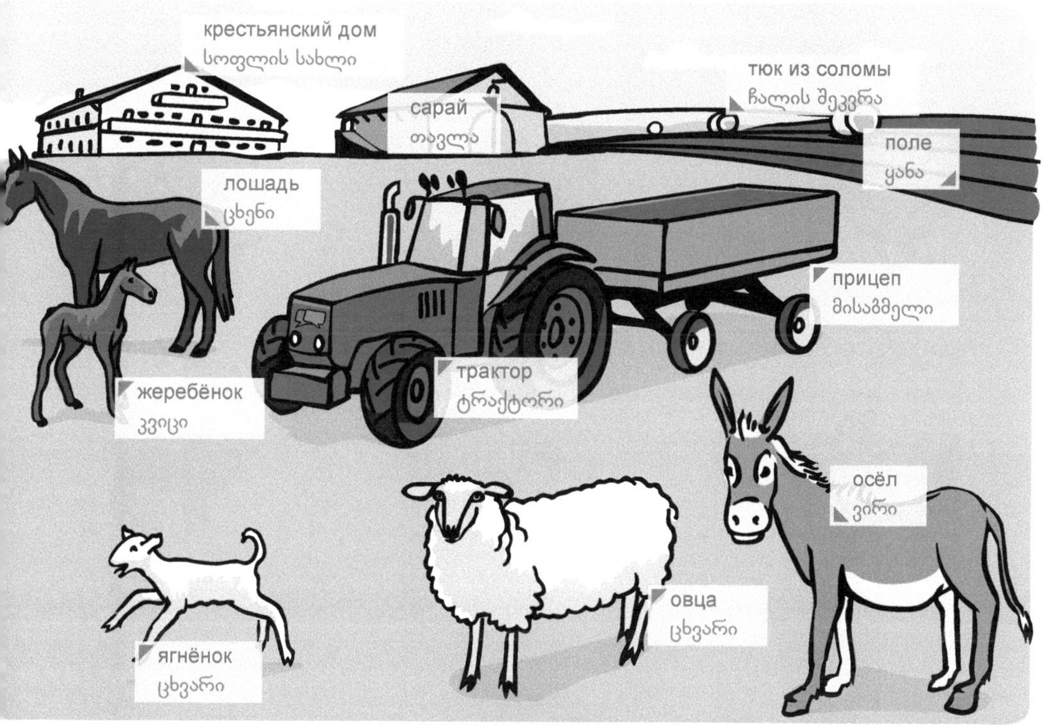

крестьянский дом
სოფლის სახლი

тюк из соломы
ჩალის შეკვრა

сарай
თავლა

поле
ყანა

лошадь
ცხენი

прицеп
მისაბმელი

жеребёнок
კვიცი

трактор
ტრაქტორი

осёл
ვირი

овца
ცხვარი

ягнёнок
ცხვარი

коза

თხა

корова

ძროხა

телёнок

ხბო

свинья

ღორი

поросёнок

გოჭი

бык

ხარი

гусь

ბატი

утка

იხვი

цыплёнок

წიწილა

курица

ქათამი

петух

მამალი

крыса

ვირთხა

кошка

კატა

мышь

თაგვი

вол

ხარი

собака

ძაღლი

конура

საძაღლე

садовый шланг

ბაღის შლანგი

лейка

საბაღე წურწურა

коса

ცელი

плуг

გუთანი

серп

ნამგალი

мотыга

თოხი

навозные вилы

პატივის სახვეტი ჩანგალი

топор

ცული

тачка

მაზიდი

корыто

გობი

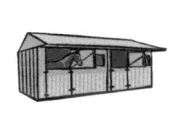

бидон для молока

რძის ბიდონი

мешок

ტომარა

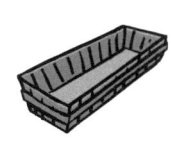

забор

ღობე

хлев

ბოსელი

теплица

სათბური

почва

ნიადაგი

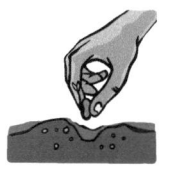

посев

თესლი

удобрение

სასუქი

комбайн

მოსავლის ამღები კომბაინი

собирать урожай

მოსავლის აღება

урожай

მოსავალი

ямс

იამი

пшеница

ხორბალი

соя

სოიო

картофель

კარტოფილი

кукуруза

სიმინდი

рапс

სარეველას თესლი

фруктовое дерево

ხეხილი

маниок

მანიოკი

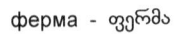

злаки

მარცვლეული

ферма - ფერმა

ДОМ
სახლი

дымоход
ბუხარი
крыша
სახურავი
водосточный желоб
წყალსადინარი მილი
окно
ფანჯარა
гараж
ავტოფარეხი
звонок
კარის ზარი
дверь
კარი
мусорное ведро
ნაგვის ყუთი
почтовый ящик
საფოსტო ყუთი
сад
ბაღი

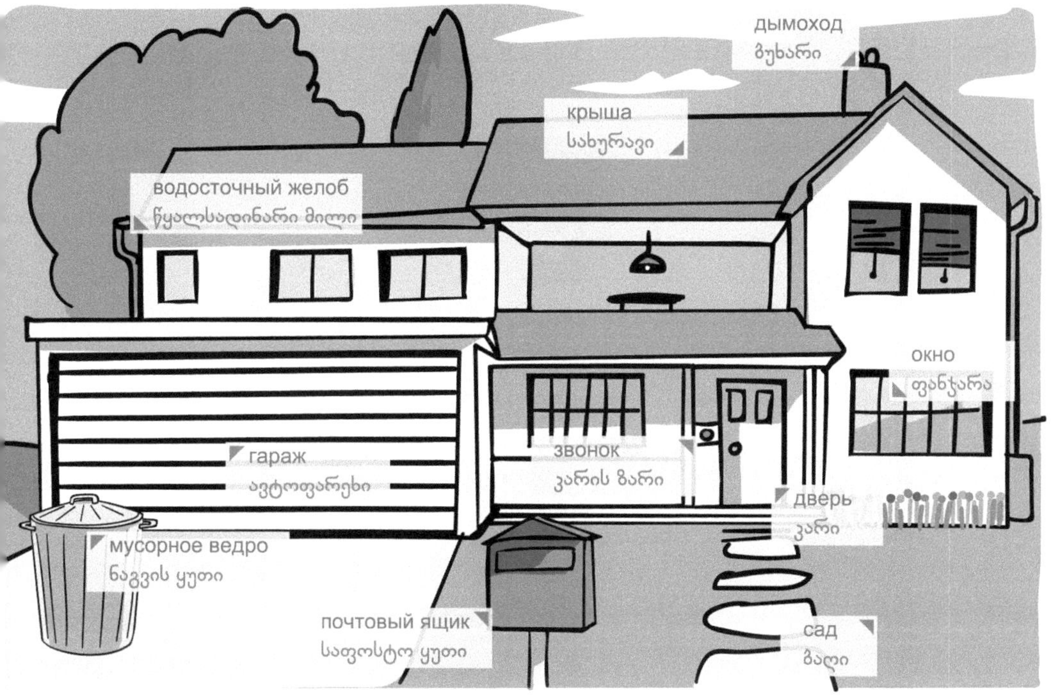

гостиная
მისაღები ოთახი

ванная комната
აბაზანა

кухня
სამზარეულო

спальня
საძინებელი

детская комната
საბავშვო ოთახი

столовая
სასადილო ოთახი

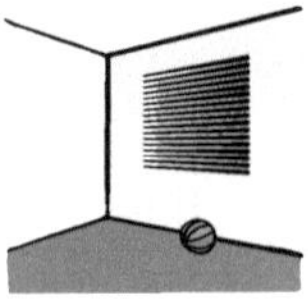

пол

სართული

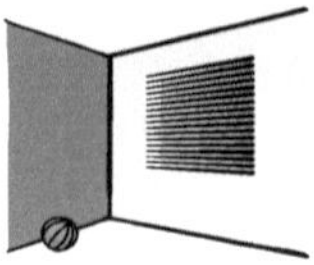

стена

კედელი

потолок

ჭერი

подвал

სარდაფი

сауна

საუნა

балкон

აივანი

терраса

ტერასა

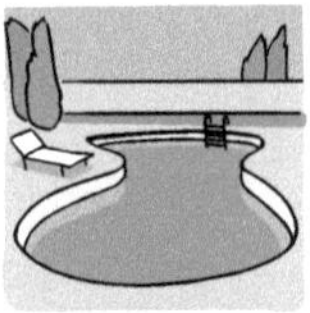

бассейн

აუზი

газонокосилка

გაზონის საკრეჭი

пододеяльник

საბნის კონვერტი

покрывало

საწოლი

кровать

ლოგინი

метла

ცოცხი

ведро

სათლი

выключатель

გადამრთველი

гостиная

მისაღები ოთახი

обои
შპალერი
рисунок
ნახატი
лампа
ნათურა
полка
თარო
шкаф
კარადა
телевизор
ტელევიზორი
камин
ბუხარი
цветок
ყვავილი
подушка
ბალიში
диван
დივანი
ваза
ვაზა
пульт дистанционного управления
დისტანციური მართვა

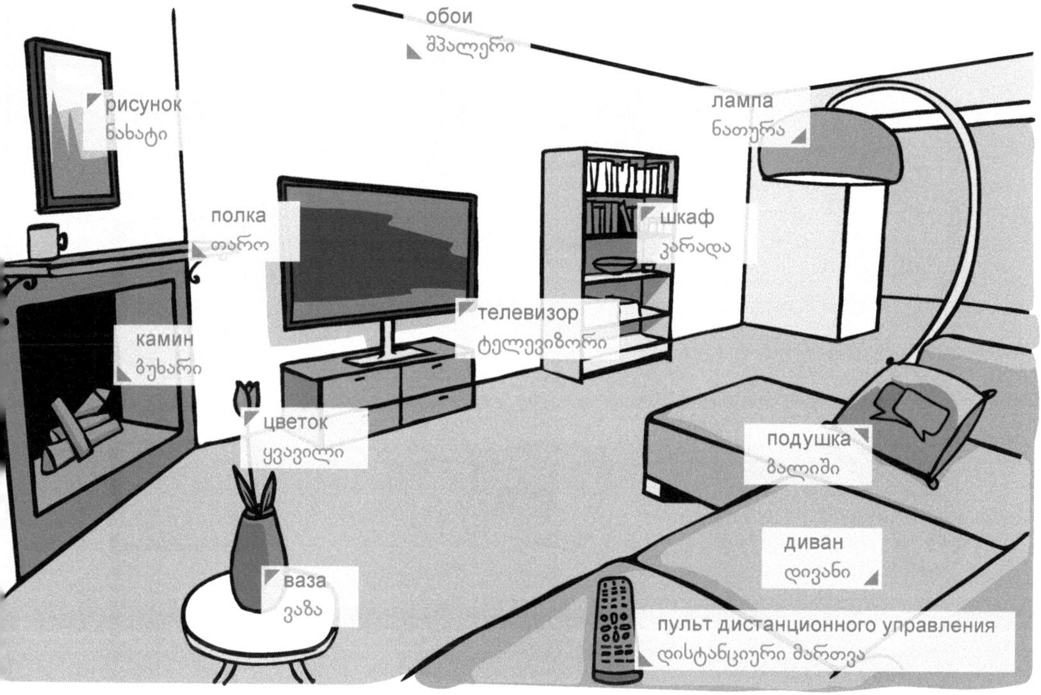

ковёр

ხალიჩა

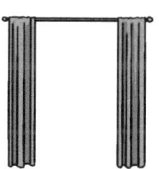

штора

ფარდა

стол

მაგიდა

стул

სკამი

кресло-качалка

სარწეველა სკამი

кресло

სავარძელი

книга

წიგნი

покрывало

საბანი

украшение

დეკორაცია

дрова

შეშა

фильм

ფილმი

стереосистема

hi-fi მოწყობილობები

ключ

გასაღები

газета

გაზეთი

картина

ფერწერა

плакат

პლაკატი

радио

რადიო

блокнот

ბლოკნოტი

пылесос

მტვერსასრუტი

кактус

კაქტუსი

свеча

სანთელი

кухня
სამზარეულო

холодильник
მაცივარი
микроволновая печь
მიკრო-ტალღური ღუმელი
кухонные весы
სამზარეულოს სასწორი
тостер
ტოსტერი
моющее средство
სარეცხი საშუალება
духовка
ღუმელი
морозилка
საყინულე
мусорное ведро
ნაგვის ყუთი
посудомоечная машина
ჭურჭლის სარეცხი მანქანა

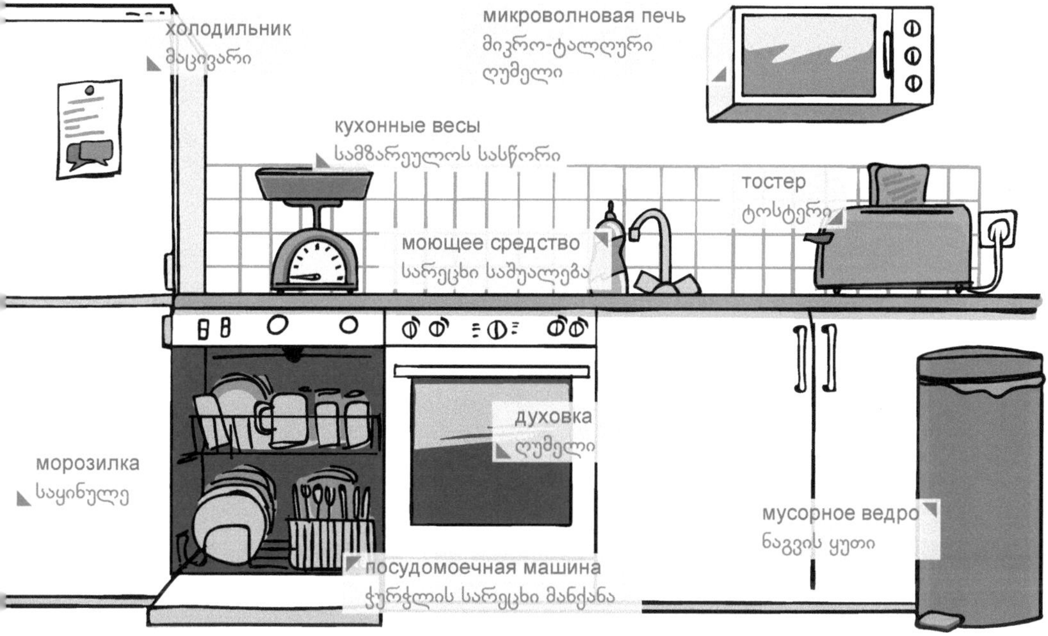

плита

გაზქურა

кастрюля

ქოთანი

чугунный котелок

თუჯის ქვაბი

вок / кадай

ტაფა ამობერილი ფსკერით

сковорода

ტაფა

чайник

ჩაიდანი

кухня - სამზარეულო 35

пароварка

ორთქლსახარში

противень

საცხობი ლანგარი

посуда

ჭურჭელი

кружка

კათხა

миска

თასი

палочки для еды

ჩინური ჩხირები

половник

ჩამჩა

лопатка

ფითხი

сбивалка

სათქვეფელა

сито

საწური

сито

საცერი

тёрка

სახეხი

ступка

სანაყი

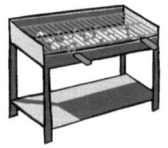

гриль

გრილი

костёр

კოცონი

доска

დაფა

скалка

საგორავი

штопор

ბურღი

жестяная банка

ქილა

консервный нож

ქილის გასახსნელი

прихватка

ქოთნის დამჭერი

раковина

ნიჟარა

щетка

ფუნჯი

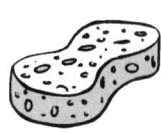

губка

ღრუბელი

миксер

ბლენდერი

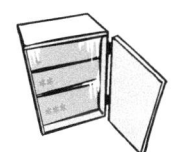

морозильная камера

საყინულე კამერა

бутылочка для кормления

საბავშვო ბოთლი

кран

ონკანი

ванная комната

აბაზანა

отопление
გათბობა
полотенце
პირსახოცი
душ
შხაპი
душевая занавеска
საშხაპე ფარდა
пенистая ванна
ღრუბლიანი აბანო
ванна
ვანა
стакан
ჭიქა
стиральная машина
სარეცხი მანქანა
кран
ონკანი
плитка
ფილები
горшок
ღამის ქოთანი
раковина
ნიჟარა

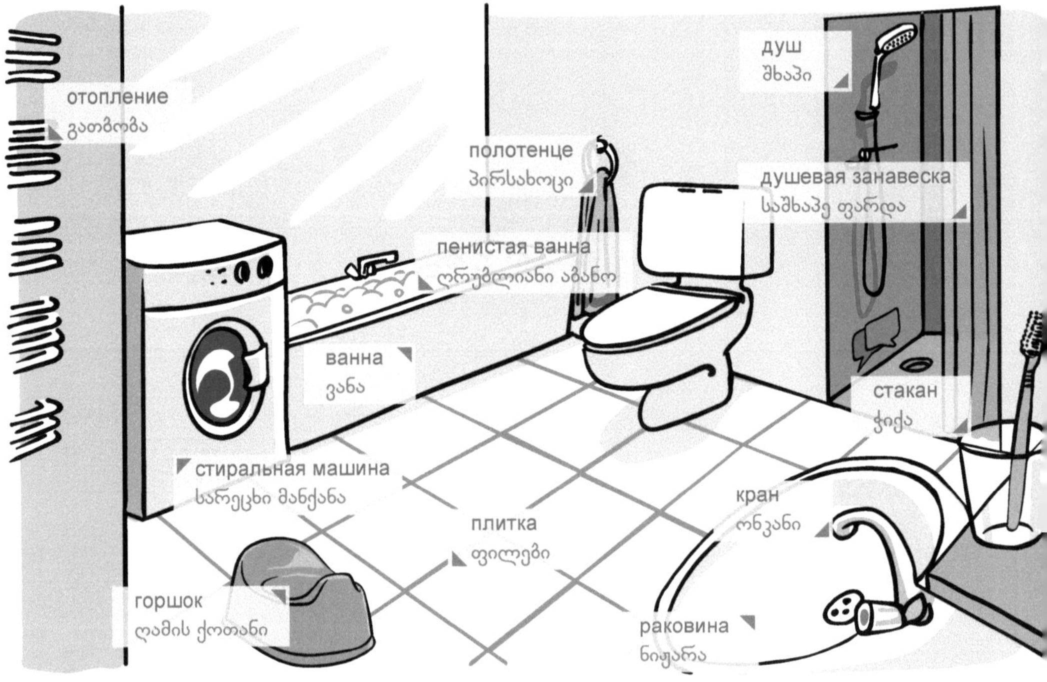

туалет

ტუალეტი

напольный унитаз

იატაკის ტუალეტი

биде

ბიდე

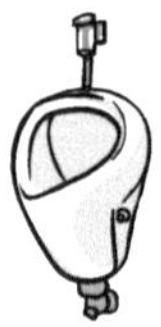

писсуар

კედლის პისუარი

туалетная бумага

ტუალეტის ქაღალდი

ершик

ტუალეტის ჯაგრისი

зубная щетка

კბილის ჯაგრისი

зубная паста

კბილის პასტა

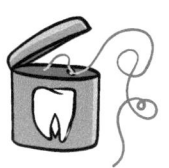

зубная нить

კბილის ძაფი

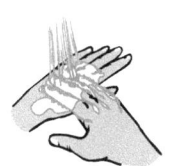

мыть

რეცხვა

ручной душ

ხელის შხაპი

интимный душ

ინტიმური შხაპი

таз

ტაშტი

щетка для спины

ზურგის სახეხი ფუნჯი

мыло

საპონი

гель для душа

შხაპის გელი

шампунь

შამპუნი

мочалка

ნეჭა

сток

სანიაღვრე

крем

კრემი

дезодорант

დეოდორანტი

зеркало

სარკე

ручное зеркало

ხელის სარკე

бритва

ბრიტვა

пена для бритья

საპარსი ქაფი

лосьон после бритья

საშუალება გაპარსვის შემდეგ

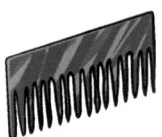

расческа

სავარცხელი

щетка

ჯაგრისი

фен

თმის საშრობი

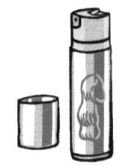

лак для волос

თმის ლაქი

косметика

კოსმეტიკა

губная помада

ტუჩების პომადა

лак для ногтей

ფრჩხილის ლაქი

вата

ბამბა

маникюрные ножницы

ფრჩხილის მაკრატელი

духи

სუნამო

косметичка

კოსმეტიკის ჩანთა

табуретка

ტაბურეტი

весы

სასწორი

халат

სააბაზანო ხალათი

резиновые перчатки

რეზინის ხელთათმანები

тампон

ტამპონი

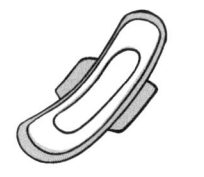

гигиеническая прокладка

სანიტარული პირსახოცი

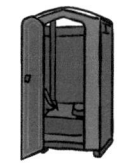

биотуалет

ბიო-ტუალეტი

детская комната
საბავშვო ოთახი

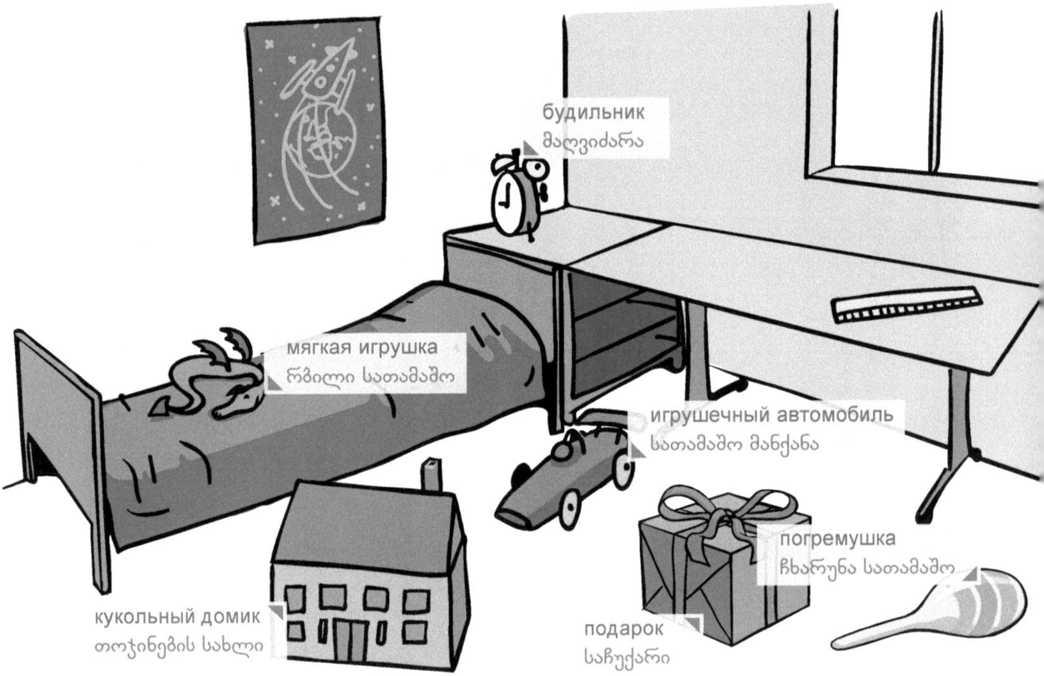

будильник
მაღვიძარა
мягкая игрушка
რბილი სათამაშო
игрушечный автомобиль
სათამაშო მანქანა
погремушка
ჩხარუნა სათამაშო
кукольный домик
თოჯინების სახლი
подарок
საჩუქარი

воздушный шар
ბუშტი

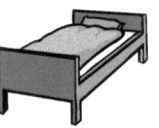

кровать
ლოგინი

детская коляска
საბავშვო ეტლი

карточная игра
კარტის თამაში

пазл
პაზლი

комикс
კომიკსი

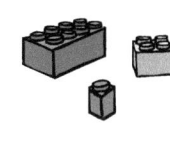

кирпичики Лего

ლეგოს აგურები

кубики

ასაშენებელი კუბიკები

игрушечная фигурка

სათამაშო ფიგურა

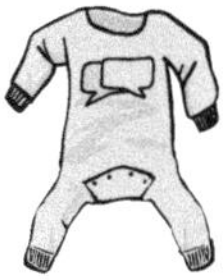

ползунки

საცოცავი

фрисби

ფრისბი

мобиле

მობილე

настольная игра

სამაგიდო თამაში

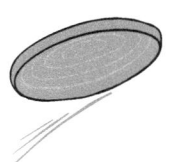

кубик

კამათელი

модель железной дороги

რკინიგზის მოდელი

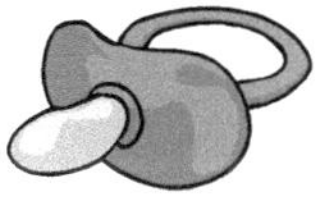

соска

საწოვარა

вечеринка

წვეულება

книга с картинками

წიგნი ნახატებით

мяч

ბურთი

кукла

თოჯინა

играть

თამაში

песочница

საქვიშარი

качели

საქანელა

игрушка

სათამაშოები

игровая приставка

ვიდეო თამაშის კონსოლი

трёхколесный велосипед

სამთვლიანი ველოსიპედი

плюшевый медвежонок

დათუნია

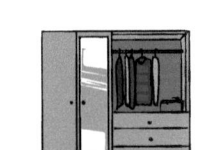

шкаф для одежды

გარდეროზი

одежда

ტანსაცმელი

носки

წინდები

чулки

ჩულქები

колготки

კოლგოტები

шарф
შარფი
зонтик
ქოლგა
ремень
ქამარი
футболка
მკლავებიანი მაისური
сапоги
ფეხსაცმელი
тапки
ჩუსტები
кроссовки
ბოტასები

сандалии

სანდლები

ботинки

ფეხსაცმელი

резиновые сапоги

რეზინის ჩექმები

трусы

ტრუსები

бюстгальтер

ბიუსჰალტერი

майка

მაისური

боди

სხეული

брюки

შარვალი

джинсы

ჯინსი

юбка

ქვედაკაბა

блузка

ბლუზი

рубашка

პერანგი

свитер

სვიტრი

свитер

კაპიუშონიანი ჟაკეტი

спортивная куртка

სპორტული ქურთუკი

жакет

ჟაკეტი

пальто

პალტო

плащ

საწვიმარი

костюм

კოსტუმი

платье

კაბა

свадебное платье

საქორწილო კაბა

мужской костюм

კაცის კოსტიუმი

ночная сорочка

ღამის პერანგი

пижама

პიჟამოები

сари

სარი

платок

თავშალი

тюрбан

ტურბანი

паранджа

ჩადრი

кафтан

ხიფთანი

абайя

აბაია

купальник

საცურაო კოსტუმი

плавки

ჩემოდნები

шорты

შორტები

спортивный костюм

სპორტული კოსტიუმი

фартук

წინსაფარი

перчатки

ხელთათმანები

пуговица

ღილი

очки

სათვალეები

браслет

სამაჯური

цепочка

ყელსაბამი

кольцо

ბეჭედი

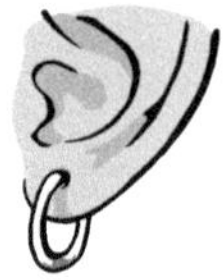

серьга

საყურე

шапка

კეპი

вешалка

საკიდი

шляпа

ქუდი

галстук

ჰალსტუხი

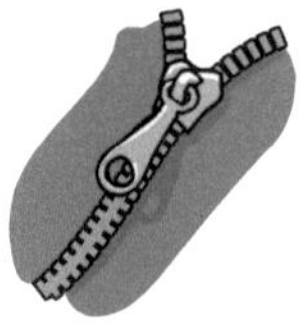

застежка молния

ელვა-შესაკრავის შეკვრა

шлем

ჩაფხუტი

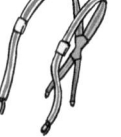

подтяжки

აჭიმი

школьная форма

სკოლის ფორმა

форма

ფორმა

детский нагрудник

ბავშვის წინსაფარი

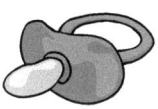

соска

საწოვარა

подгузник

პამპერსი

офис

ოფისი

сервер
სერვერი
канцелярский шкаф
საკანცელარიო კარადა
принтер
პრინტერი
бумага
ქაღალდი
монитор
მონიტორი
мышь
თაგვი
письменный стол
მაგიდა
папка
საქაღალდე
клавиатура
კლავიატურა
зина для бумаг
ლათა ნარჩენი ქაღალდებისათვის
компьютер
კომპიუტერი
стул
სკამი

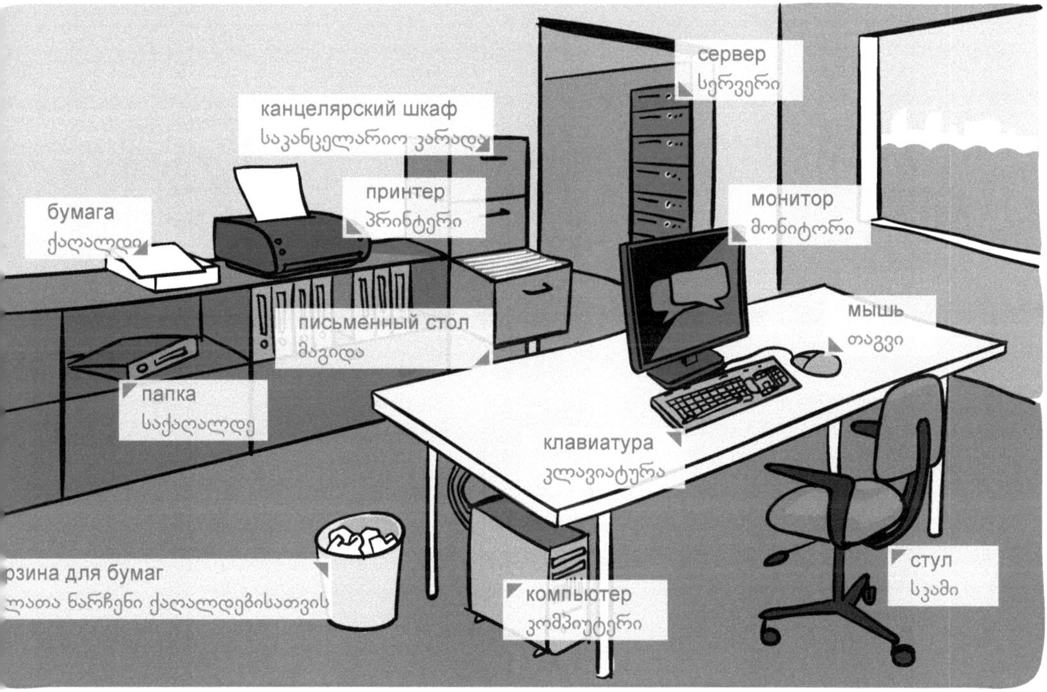

кофейная кружка

ყავის ფინჯანი

калькулятор

კალკულატორი

интернет

ინტერნეტი

ноутбук

ლეპტოპი

письмо

წერილი

сообщение

მესიჯი

мобильный телефон

მობილური ტელეფონი

сеть

ქსელი

ксерокс

სკანერი

программа

პროგრამული
უზრუნველყოფა

телефон

ტელეფონი

розетка

როზეტი

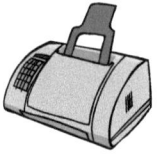

факс

ფაქსის მანქანა

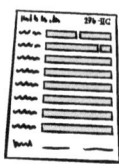

формуляр

ფორმულარი

документ

დოკუმენტი

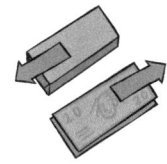

покупать

ყიდვა

платить

გადახდა

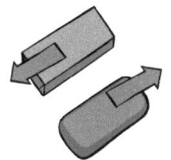

торговать

ვაჭრობა

деньги

ფული

доллар

დოლარი

евро

ევრო

иена

იენი

рубль

რუბლი

франк

შვეიცარული ფრანკი

жэньминьби юань

ჟენმინბი იუანი

рупия

რუპი

банкомат

ბანკომატი

пункт обмена валюты

ვალუტის გადაცვლის
პუნქტი

золото

ოქრო

серебро

ვერცხლი

нефть

ნავთობი

энергия

ენერგია

цена

ფასი

договор

ხელშეკრულება

налог

გადასახადი

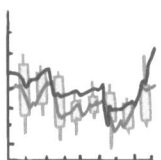

акция

აქცია

работать

მუშაობა

служащий

თანამშრომელი

работодатель

დამსაქმებელი

фабрика

ქარხანა

магазин

მაღაზია

пожарный
მეხანძრე
милиционер
პოლიციის ოფიცერი
повар
მზარეული
врач
ექიმი
пилот
მფრინავი

садовник

მებაღე

столяр

დურგალი

швея

თეთრეულის მკერავი ქალბატონი

судья

მოსამართლე

химик

ქიმიკოსი

актёр

მსახიობი

водитель автобуса

ავტობუსის მძღოლი

таксист

ტაქსის მძღოლი

рыбак

მეთევზე

уборщица

დამლაგებელი ქალბატონი

кровельщик

სახურავის ოსტატი

официант

მიმტანი

охотник

მონადირე

художник

ფერმწერი

пекарь

მცხობელი

электрик

ელექტრიკოსი

строитель

მშენებელი

инженер

ინჟინერი

мясник

ყასაბი

сантехник

სანტექნიკოსი

почтальон

ფოსტალიონი

солдат

ჯარისკაცი

архитектор

არქიტექტორი

кассир

მოლარე

флорист

ფლორისტი

парикмахер

პარიკმახერი

кондуктор

კონდუქტორი

механик

მექანიკოსი

капитан

კაპიტანი

зубной врач

სტომატოლოგი

ученый

მეცნიერი

раввин

რაბინი

имам

იმამი

монах

ბერი

священник

სასულიერო პირი

инструменты

იარაღები

плоскогубцы
ბრტყელტუჩა
молоток
ჩაქუჩი
отвёртка
სახრახნისი
карманный фон
ჯიბის სანათი
гаечный ключ
ქანჩის გასაღები

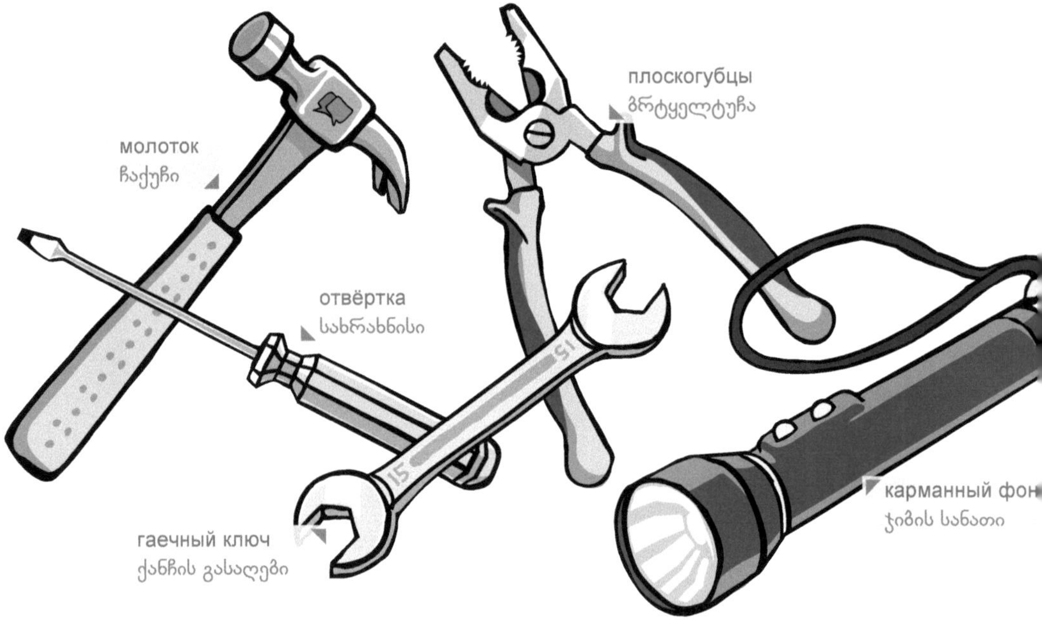

экскаватор

ექსკავატორი

ящик для инструментов

იარაღების ყუთი

стремянка

კიბე

пила

ხერხი

гвозди

ლურსმები

дрель

საბურღი

ремонтировать

შეკეთება

лопата

ნიჩაბი

Блин!

ანდაზა!

совок

აქანდაზი

ведро с краской

საღებავის ქოთანი

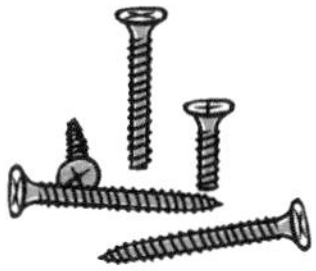

винты

ხრახნები

музыкальные инструменты
მუსიკალური ინსტრუმენტები

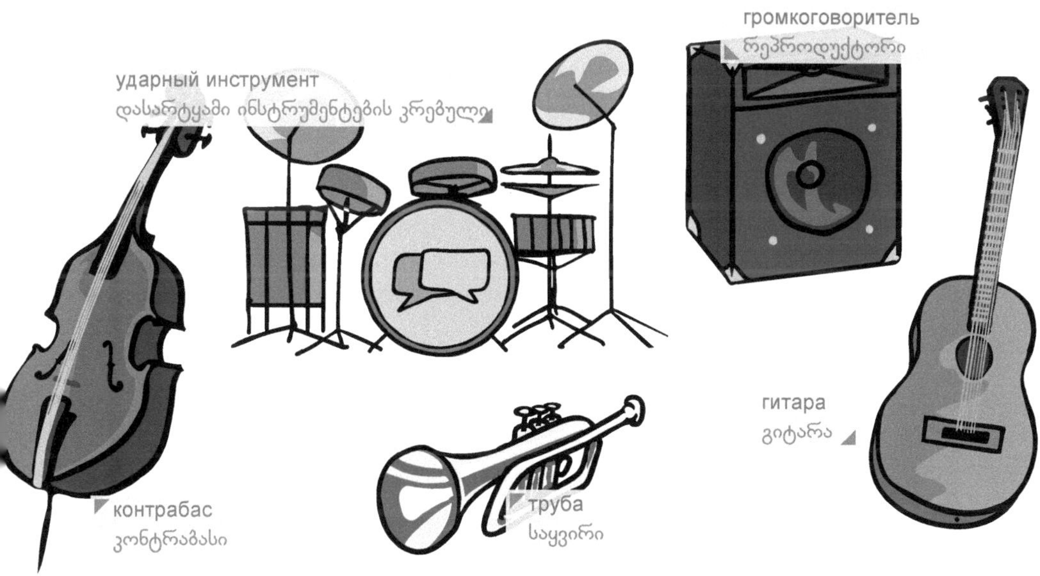

громкоговоритель
რეპროდუქტორი

ударный инструмент
დასარტყამი ინსტრუმენტების კრებული

гитара
გიტარა

контрабас
კონტრაბასი

труба
საყვირი

пианино

ფორტეპიანო

скрипка

ვიოლინო

бас-гитара

ბასი

литавры

ტიმპანონი

барабан

დასარტყამები

синтезатор

კლავიშები

саксофон

საქსოფონი

флейта

ფლეიტა

микрофон

მიკროფონი

зоопарк
ზოოპარკი

тигр
ვეფხვი
клетка
გალია
зебра
ზებრა
корм
ცხოველთა საკვები
вход
შესასვლელი
панда
პანდა

животные

ცხოველები

слон

სპილო

кенгуру

კენგურუ

носорог

მარტორქა

горилла

გორილა

медведь

დათვი

верблюд

აქლემი

страус

სირაქლემა

лев

ლომი

обезьяна

მაიმუნი

фламинго

ფლამინგო

попугай

თუთიყუში

белый медведь

პოლარული დათვი

пингвин

პინგვინი

акула

ზვიგენი

павлин

ფარშევანგი

змея

გველი

крокодил

ნიანგი

служитель зоопарка

ზოოპარკის მფლობელი

тюлень

სელაპი

ягуар

იაგუარი

пони

პონი

леопард

ლეოპარდი

бегемот

ბეჰემოტი

жираф

ჟირაფი

орёл

არწივი

кабан

ტახი

рыба

თევზი

черепаха

კუ

морж

მორჟი

лиса

მელა

газель

გაზელი

спорт
სპორტი

американский футбол
ამერიკული ფეხბურთი
езда на велосипеде
ველოსპორტი
теннис
ჩოგბურთი
баскетбол
კალათბურთი
плавание
ცურვა
бокс
კრივი
хоккей
ყინულის ჰოკეი

футбол

ფეხბურთი

бадминтон

ბადმინტონი

лёгкая атлетика

მძლეოსნობა

гандбол

ხელბურთი

лыжный спорт

სათხილამურო სპორტი

поло

წყლის პოლო

действия
მოქმედებები

смеяться
დაცინვა
прыгать
გადახტომა
обнимать
ჩახუტება
идти
სეირნობა
петь
სიმღერა
мечтать
ოცნებობა
молиться
ლოცვა
целовать
კოცნა

писать

წერა

рисовать

დახატვა

показывать

ჩვენება

нажимать

დაჭერა

давать

მიცემა

брать

აღება

иметь

ქონა

делать

კეთება

быть

ყოფნა

стоять

დგომა

бежать

გარბენა

тянуть

მოქაჩვა

бросать

გადაყრა

падать

დაცემა

лежать

ტყუილის თქმა

ждать

მოცდენა

носить

ტარება

сидеть

ჯდომა

надевать

ჩაცმა

спать

ძილი

просыпаться

გაღვიძება

рассматривать

დათვალიერება

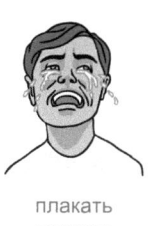

плакать

ტირილი

гладить

გაუთოება

причесывать

დავარცხნა

говорить

ლაპარაკი

понимать

გაგება

спрашивать

შეკითხვა

слушать

მოსმენა

пить

დალევა

кушать

ჭამა

наводить порядок

დალაგება

любить

ყვარება

готовить

კერძების მზადება

ехать

სვლა

летать

ფრენა

ходить под парусом

აფრის ქვეშ სიარული

считать

გამოთვლა

читать

წაკითხვა

учиться

შესწავლა

работать

მუშაობა

вступать в брак

ქორწინება

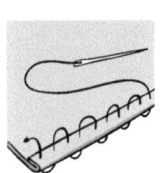

шить

კერვა

чистить зубы

კბილების ხეხვა

убивать

მოკვლა

курить

მოწევა

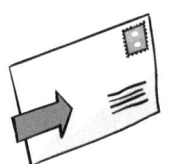

отправлять

გაგზავნა

бабушка
ბებია
дедушка
ბაბუა
папа
მამა
мама
დედა
младенец
дочь
ქალიშვილი
сын
ვაჟიშვილი

гость
სტუმარი

тетя
დეიდა

дядя
ბიძა

брат
ძმა

сестра
და

тело
სხეული

лоб
შუბლი
глаз
თვალი
лицо
სახე
подбородок
ნიკაპი
грудь
მკერდი
палец
თითი
кисть
ხელი
рука
მკლავი
плечо
მხარი
нога
ფეხი

младенец

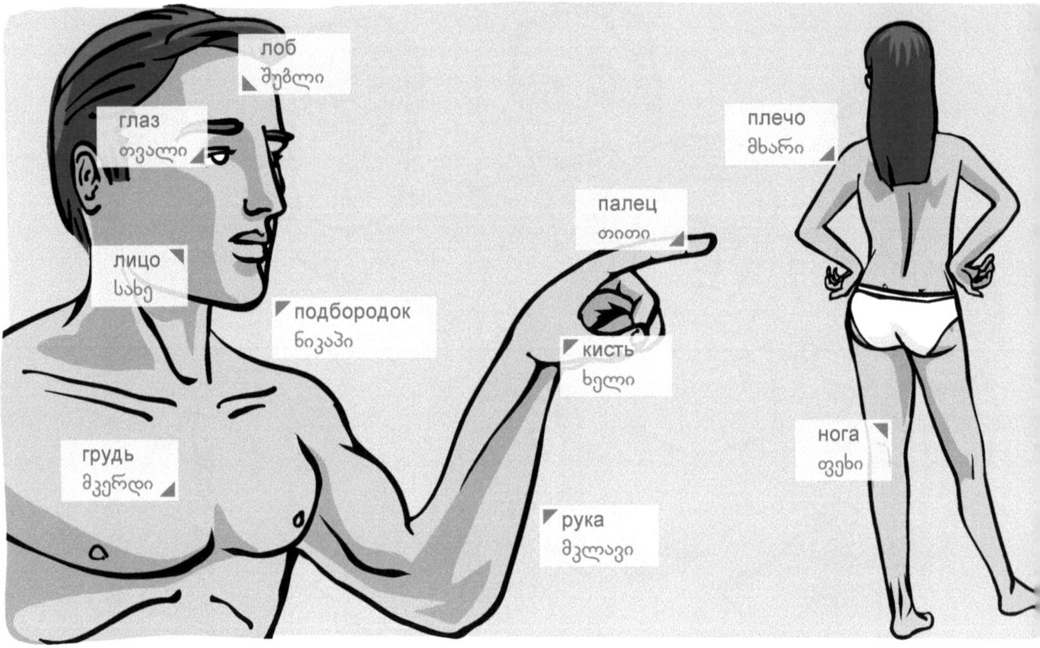

ბავშვი

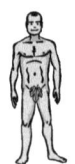

мужчина

კაცი

женщина

ქალი

девочка

გოგო

мальчик

ბიჭი

голова

თავი

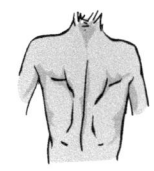

спина

ზურგი

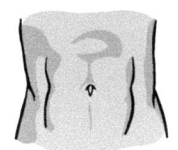

живот

მუცელი

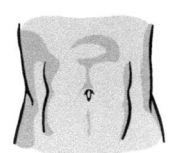

пупок

ჭიპი

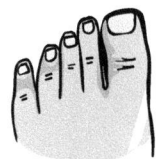

палец ноги

ფეხის თითი

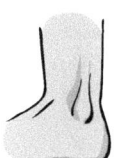

пятка

ქუსლი

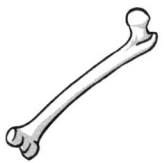

кость

ძვალი

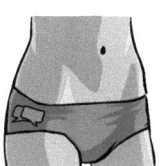

бедро

ბარძაყი

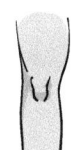

колено

მუხლი

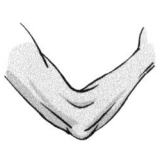

локоть

იდაყვი

нос

ცხვირი

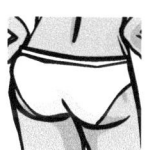

ягодицы

დუნდულა

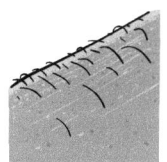

кожа

კანი

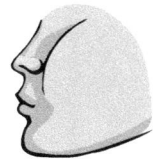

щека

ლოყა

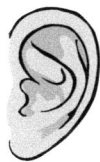

ухо

ყური

губа

ტუჩი

рот

პირი

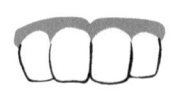

зуб

კბილი

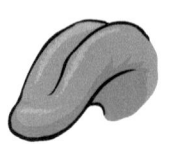

язык

ენა

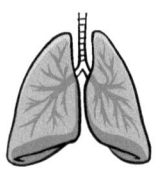

мозг

ტვინი

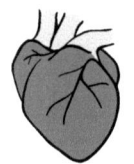

сердце

გული

мышца

კუნთი

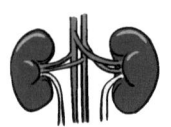

лёгкое

ფილტვი

печень

ღვიძლი

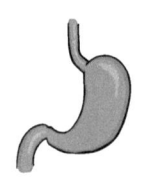

желудок

კუჭი

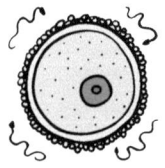

почки

თირკმელები

половой акт

სექსი

презерватив

პრეზერვატივი

яйцеклетка

კვერცხუჯრედი

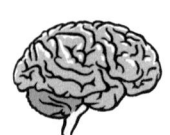

сперма

სპერმა

беременность

ორსულობა

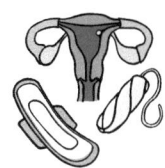

менструация

მენსტრუაცია

вагина

საშო

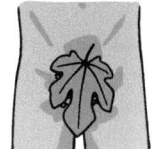

пенис

პენისი

бровь

წარბი

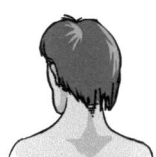

волосы

თმა

шея

კისერი

больница
საავადმყოფო

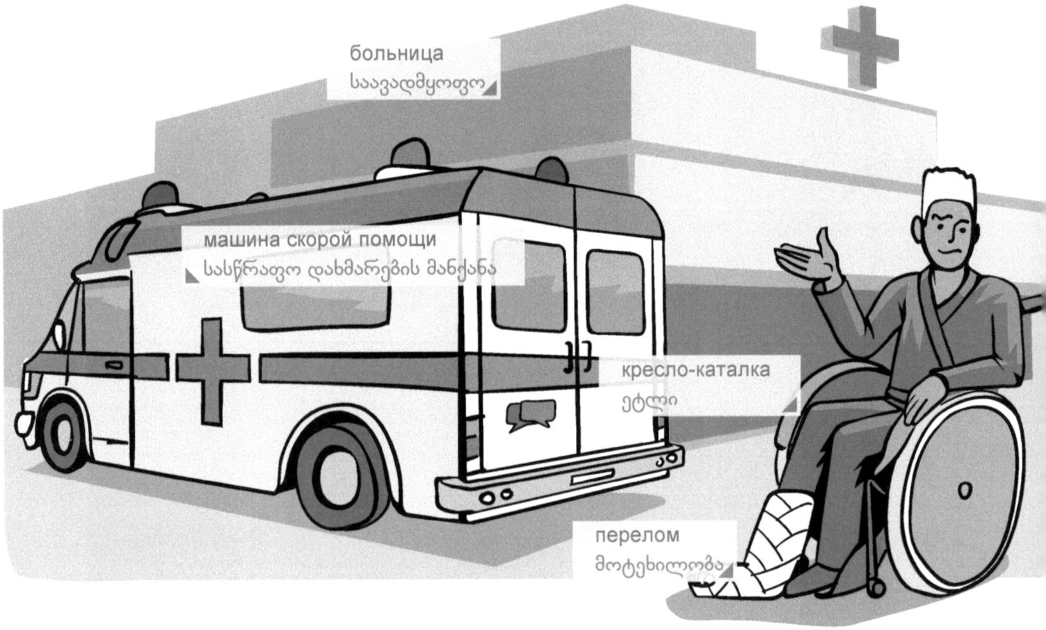

больница
საავადმყოფო
машина скорой помощи
სასწრაფო დახმარების მანქანა
кресло-каталка
ეტლი
перелом
მოტეხილობა

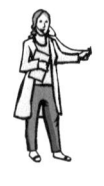

врач

ექიმი

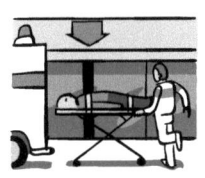

пункт первой помощи

პირველი დახმარების ოთახი

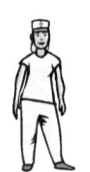

медсестра

მედდა

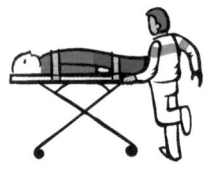

неотложный случай

გადაუდებელი შემთხვევა

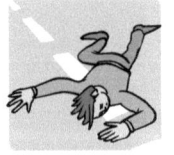

без сознания

უგონოდ მყოფი

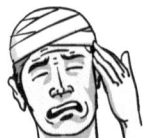

боль

ტკივილი

повреждение

დაზიანება

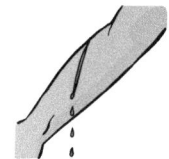

кровотечение

სისხლდენა

инфаркт

გულის შეტევა

инсульт

ინსულტი

аллергия

ალერგია

кашель

ხველა

повышенная температура

ცხელება

грипп

გრიპი

понос

დიარეა

головная боль

თავის ტკივილი

рак

კიბო

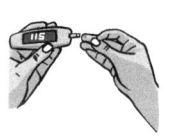

диабет

დიაბეტი

хирург

ქირურგი

скальпель

სკალპელი

операция

ოპერაცია

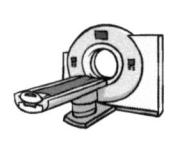

КТ

კტ

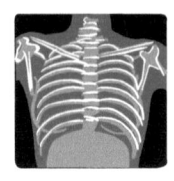

рентген

რენტგენი

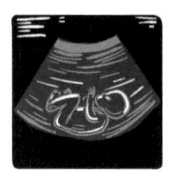

ультразвук

ულტრაბგერა

маска

ნიღაბი

болезнь

დაავადება

приёмная

მოსაცდელი ოთახი

костыль

ყავარჯენი

пластырь

თაბაშირი

бинт

ბინტი

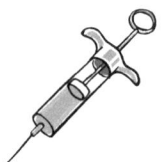

укол

ინექცია

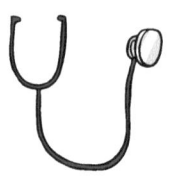

стетоскоп

სტეტოსკოპი

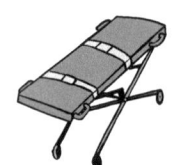

носилки

საკაცე

термометр

თერმომეტრი

рождение

დაბადება

избыточный вес

ჭარბი წონა

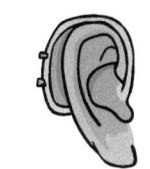

слуховой аппарат

სმენის აპარატი

дезинфекционное средство

სადეზინფექციო საშუალება

инфекция

ინფექცია

вирус

ვირუსი

ВИЧ / СПИД

აივ / შიდსი

лекарство

წამალი

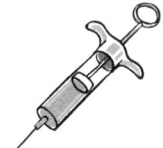

прививка

ვაქცინაცია

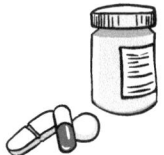

таблетки

ტაბლეტები

противозачаточная таблетка

აბი

экстренный вызов

გადაუდებელი გამოძახება

прибор для измерения кровяного давления

წნევის საზომი აპარატი

больной / здоровый

ავადმყოფი / ჯანმრთელი

неотложный случай
გადაუდებელი შემთხვევა

Помогите!

დამეხმარეთ!

сигнал тревоги

განგაში

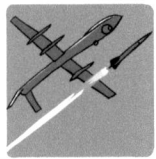

нападение

თავდასხმა

атака

შეტევა

опасность

საფრთხე

запасной выход

სათადარიგო გასასვლელი

Пожар!

ხანძარი!

огнетушитель

ცეცხლსაქრობი

несчастный случай

უბედური შემთხვევა

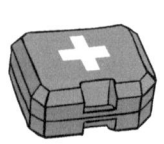

аптечка

პირველადი დახმარების აფთიაქი

SOS

SOS

милиция

პოლიცია

земля
დედამიწა

Европа
ევროპა

Северная Америка
ჩრდილოეთ ამერიკა

Южная Америка
სამხრეთ ამერიკა

Африка
აფრიკა

Азия
აზია

Австралия
ავსტრალია

Атлантический океан
ატლანტიკა

Тихий океан
წყნარი ოკეანე

Индийский океан
ინდოეთის ოკეანე

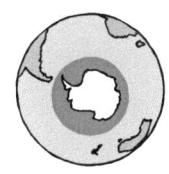

Антарктический океан
ანტარქტიკის ოკეანე

Северный Ледовитый океан
ჩრდილოეთის ყინულოვანი ოკეანე

Северный полюс
ჩრდილოეთ პოლუსი

Южный полюс

სამხრეთ პოლუსი

Антарктика

ანტარქტიდა

земля

დედამიწა

суша

ხმელეთი

море

ზღვა

остров

კუნძული

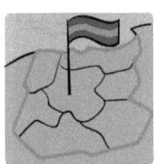

нация

ერი

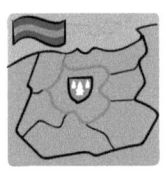

государство

სახელმწიფო

часы
საათი

циферблат

ციფერბლატი

часовая стрелка

საათების ისარი

минутная стрелка

წუთების ისარი

секундная стрелка

წამების ისარი

Который час?

რომელი საათია?

день

დღე

время

დრო

сейчас

ახლა

электронные часы

ციფრული საათი

минута

წუთი

час

საათი

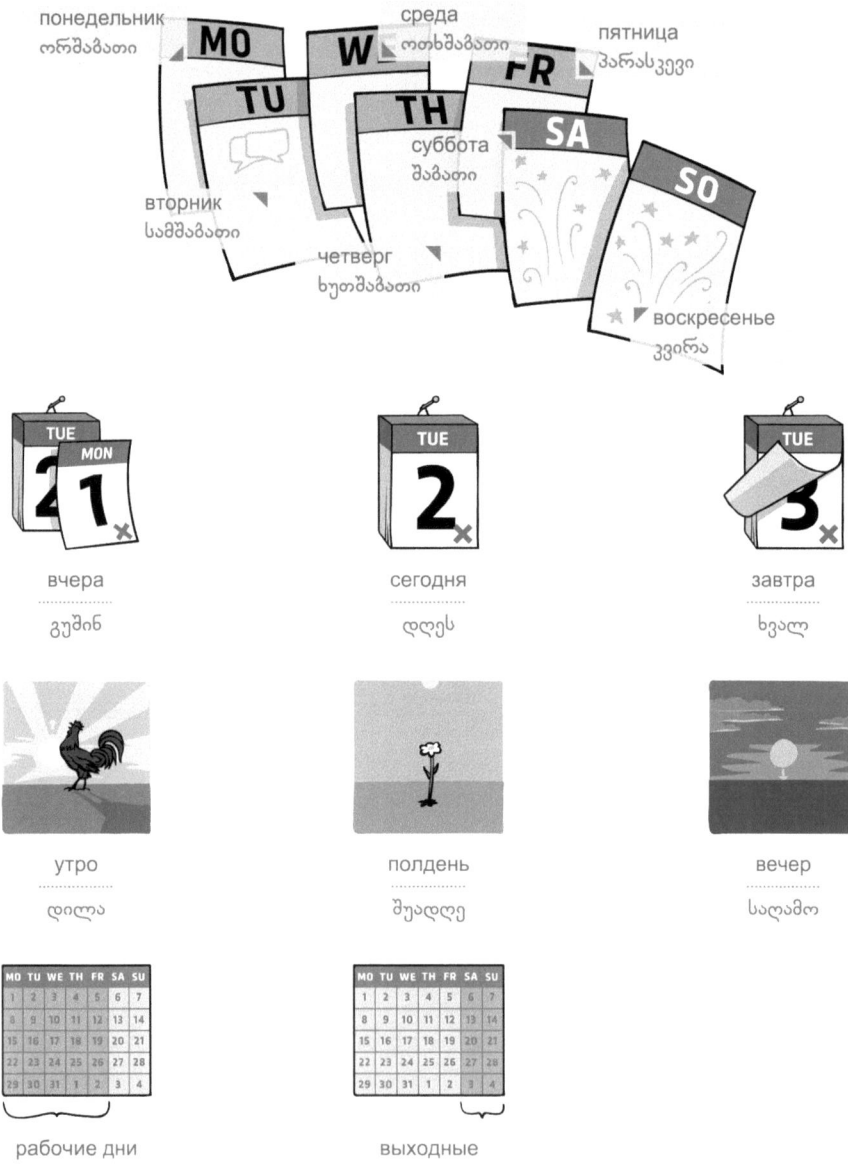

неделя

კვირა

понедельник
ორშაბათი

вторник
სამშაბათი

среда
ოთხშაბათი

четверг
ხუთშაბათი

пятница
პარასკევი

суббота
შაბათი

воскресенье
კვირა

вчера
გუშინ

сегодня
დღეს

завтра
ხვალ

утро
დილა

полдень
შუადღე

вечер
საღამო

рабочие дни
სამუშაო დღეები

выходные
შაბათ-კვირა

год

წელი

дождь
წვიმა
радуга
ცისარტყელა
снег
თოვლი
ветер
ქარი
весна
გაზაფხული
осень
შემოდგომა
лето
ზაფხული
зима
ზამთარი

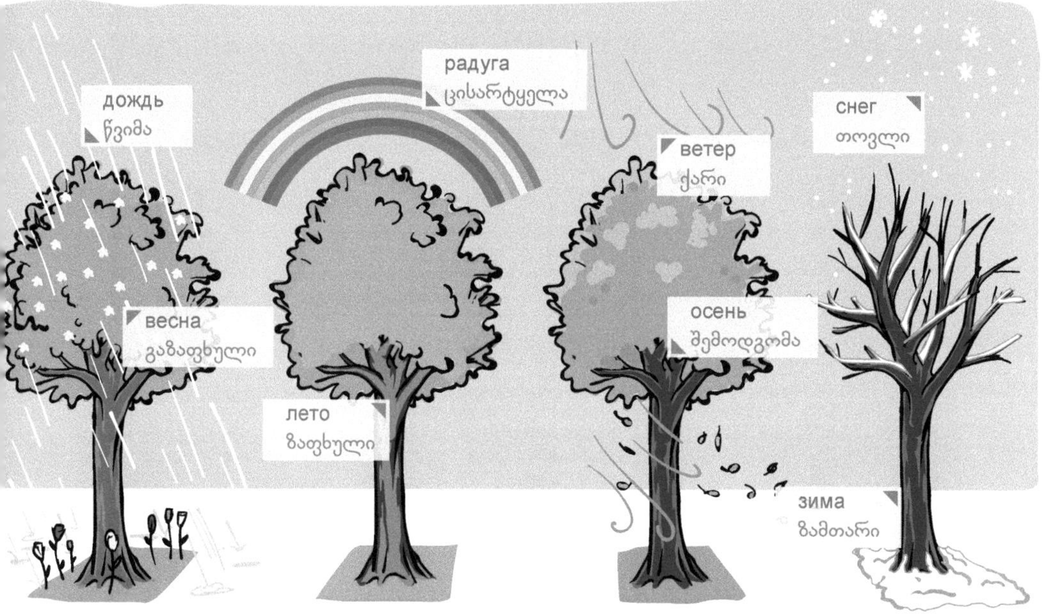

прогноз погоды

ამინდის პროგნოზი

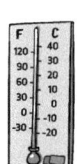

термометр

თერმომეტრი

солнечный свет

მზის სხივი

туча

ღრუბელი

туман

ნისლი

влажность воздуха

ტენიანობა

молния

ელვა

гром

ქუხილი

буря

შტორმი

град

სეტყვა

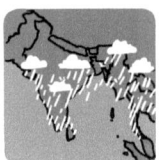

муссон

მუსონი

наводнение

წყალდიდობა

лёд

ყინული

январь

იანვარი

февраль

თებერვალი

март

მარტი

апрель

აპრილი

май

მაისი

июнь

ივნისი

июль

ივლისი

август

აგვისტო

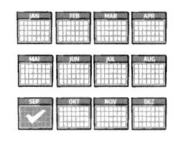

сентябрь

სექტემბერი

октябрь

ოქტომბერი

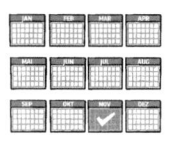

ноябрь

ნოემბერი

декабрь

დეკემბერი

формы
ფორმები

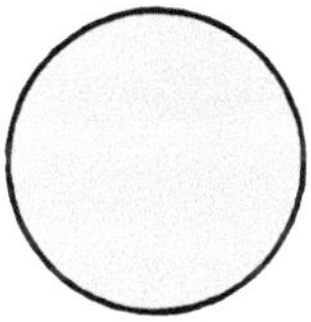

круг

წრე

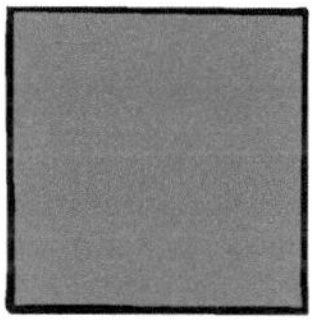

квадрат

კვადრატი

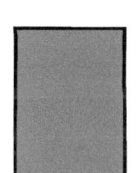

прямоугольник

მართკუთხედი

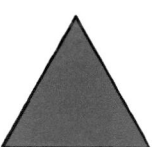

треугольник

სამკუთხედი

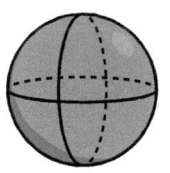

шар

სფერო

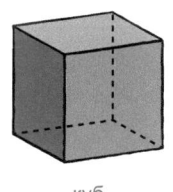

куб

კუბი

цвета

ფერები

белый
....
თეთრი

желтый
....
ყვითელი

оранжевый
....
ნარინჯისფერი

розовый
....
ვარდისფერი

красный
....
წითელი

лиловый
....
იისფერი

синий
....
ცისფერი

зелёный
....
მწვანე

коричневый
....
ყავისფერი

серый
....
ნაცრისფერი

черный
....
შავი

много / мало

ბევრი / ცოტა

яростный / мирный

გაბრაზებული / მშვიდი

красивый / уродливый

ლამაზი / მახინჯი

начало / конец

დასაწყისი / დასასრული

большой / маленький

დიდი / პატარა

светлый / темный

ნათელი / მუქი

брат / сестра

ძმა / და

чистый / грязный

სუფთა / ჭუჭყიანი

полный / неполный

სრული / არასრული

день / ночь

დღე / ღამე

мёртвый / живой

მკვდარი / ცოცხალი

широкий / узкий

განიერი / ვიწრო

съедобный / несъедобный

საჭმელად ვარგისი / საჭმელად უვარგისი

злой / дружелюбный

ბოროტი / კეთილი

взволнованный / скучающий

შთამბეჭდავი / მოსაწყენი

толстый / худой

სქელი / თხელი

сначала / в конце

პირველი / ბოლო

друг / враг

მეგობარი / მტერი

полный / пустой

სრული / ცარიელი

твёрдый / мягкий

მყარი / რბილი

тяжёлый / легкий

მძიმე / მსუბუქი

голод / жажда

მოშიებული / მწყურვალე

больной / здоровый

ავადმყოფი / ჯანმრთელი

незаконный / законный

არალეგალური / ლეგალური

умный / глупый

ინტელექტუალი / სულელი

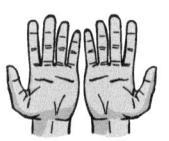

слева / справа

მარცხენა / მარჯვენა

близко / далеко

ახლოს / შორს

новый / подержанный

ახალი / გამოყენებული

ничто / нечто

არაფერი / რაღაცა

старый / молодой

მოხუცი / ახალგაზრდა

включено / выключено

ჩართვა / გამორთვა

открыто / закрыто

ღია / დახურული

тихо / громко

ჩუმი / ხმამაღალი

богатый / бедный

მდიდარი / ღარიბი

правильный / неправильный

მართალი / მტყვანი

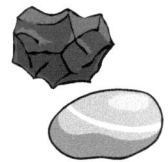

шероховатый / гладкий

უხეში / გლუვი

печальный / счастливый

სევდიანი / ბედნიერი

короткий / длинный

მოკლე / გრძელი

медленный / быстрый

ნელი / სწრაფი

мокрый / сухой

სველი / მშრალი

тёплый / прохладный

თბილი / გრილი

война / мир

ომი / მშვიდობა

цифры
რიცხვები

0

ноль

ნული

1

один

ერთი

2

два

ორი

3

три

სამი

4

четыре

ოთხი

5

пять

ხუთი

6

шесть

ექვსი

7

семь

შვიდი

8

восемь

რვა

9

девять

ცხრა

10

десять

ათი

11

одиннадцать

თერთმეტი

12

двенадцать

თორმეტი

13

тринадцать

ცამეტი

14

четырнадцать

თოთხმეტი

15

пятнадцать

თხუთმეტი

16

шестнадцать

თექვსმეტი

17

семнадцать

ჩვიდმეტი

18

восемнадцать

თვრამეტი

19

девятнадцать

ცხრამეტი

20

двадцать

ოცი

100

сто

ასი

1.000

тысяча

ათასი

1.000.000

миллион

მილიონი

ЯЗЫКИ
ენები

английский

ინგლისური

американский английский

ამერიკული ინგლისური

мандаринский китайский

ჩინური მანდარინი

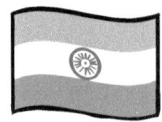

хинди

ჰინდი

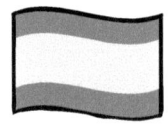

испанский

ესპანური

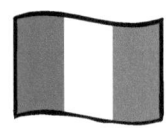

французский

ფრანგული

арабский

არაბული

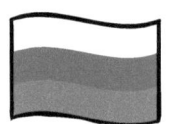

русский

რუსული

португальский

პორტუგალიური

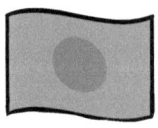

бенгальский

ბენგალური

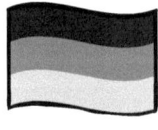

немецкий

გერმანული

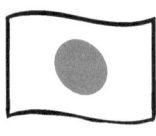

японский

იაპონური

кто / что / как
ვინ / რა / როგორ

я

მე

ты

შენ

он / она / оно

ის / ის / იგი

мы

ჩვენ

вы

თქვენ

они

ისინი

кто?

ვინ?

что?

რა?

как?

როგორ?

где?

სად?

когда?

როდის?

имя

სახელი

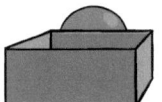

где

სად

за

უკან

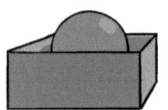

в

შიგნით

перед

წინ

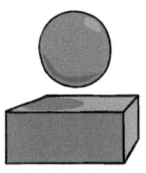

над

ზედ

на

=-ზე

под

ქვეშ

рядом

გვერდით

между

შორის

место

ადგილი